Ofício ao glorioso São José

Org. Pe. José Luís Queimado, C.Ss.R.

Ofício ao glorioso São José

EDITORA SANTUÁRIO

Direção editorial: Pe. Fábio Evaristo R. Silva, C.Ss.R.
Pe. José Luís Queimado, C.Ss.R.

Conselho editorial: Cláudio Anselmo Santos Silva, C.Ss.R.
Edvaldo Manoel Araújo, C.Ss.R.
Ferdinando Mancilio, C.Ss.R.
Gilberto Paiva, C.Ss.R.
Marco Lucas Tomaz, C.Ss.R.
Victor Hugo Lapenta, C.Ss.R.

Coordenação editorial: Ana Lúcia de Castro Leite

Revisão: Sofia Machado

Diagramação e capa: Bruno Olivoto

ISBN: 978-65-5527-171-3

5ª impressão

Rua Pe. Claro Monteiro, 342 – 12570-045 – Aparecida-SP
Tel.: 12 3104-2000 – Televendas: 0800 0 16 00 04
www.editorasantuario.com.br
vendas@editorasantuario.com.br

INTRODUÇÃO

Desde os Padres da Igreja, baseando-se no Evangelho de Mateus, São José é citado como o primeiro de todos os santos. Por ser o guardião da Virgem Maria e do Sacratíssimo Senhor Jesus Cristo, ele é louvado e engrandecido pelas vozes de Santo Agostinho, São Jerônimo e São João Crisóstomo, e por outros grandes santos e escritores dos séculos IV e V.

A primeira menção mais explícita da consolidação do culto a São José pode ser observada no calendário martirológio da abadia dos monges beneditinos de Reichenau, na Alemanha, por volta do ano de 850, onde encontramos que a festa litúrgica desse Santo já era celebrada no dia 19 de março. Nos demais calendários litúrgicos que foram encontrados depois do século IX, muitos citam essa data em março como sendo a mais tradicional, o que levou o papa

Sisto IV a declarar oficialmente tal data como a oficial da Solenidade de São José, colocando-a no calendário litúrgico romano em 1479.

No dia 8 de dezembro de 1870, a Igreja recebeu um grande presente, pois São José foi proclamado o Santo Patrono da Igreja Católica Apostólica Romana, pelo papa Pio IX. Por ter sido o Justo José tão brilhante e exímio, a Igreja também incluiu um Prefácio próprio dedicado em sua honra, por iniciativa do papa Bento XV, em 1919. Além de Maria, nenhum outro santo possui prefácio próprio no Missal Romano.

O texto deste livreto, que você tem em mãos, do Ofício de São José, foi retirado de uma obra clássica escrita pelo padre e professor jesuíta Wilhelm Nakatenus *(William Nacatenus)*, chamada de "O Jardim das Palmeiras Celestiais" *(Das Himmlisch Palmgärtlein)*, de 1660, em Colônia, na Alemanha. Uma versão em latim surgiu alguns anos mais tarde, 1664, com o título de *Coeleste Palmetum*, apresentando variadas orações, ofícios, preces, instruções, ladainhas e tantos outros textos oracionais compilados de tradições imemoráveis.

O *Officium Parvum de Sancto Ioseph* (ofício breve de São José) é uma devoção belíssima que pode nos ajudar a crescer na fé e na fidelidade à Santa Igreja, inspirando-nos na prontidão e no serviço do pai adotivo de Jesus. O papa Bento XV concedeu indulgências parciais aos que recitarem o presente ofício, assim como podemos encontrar ainda hoje no Manual das Indulgências *(Enchiridion Indulgentiarum)*, que diz o seguinte: *"Com indulgência parcial são enriquecidos os ofícios breves da Paixão de Nosso Senhor Jesus Cristo, do Sagrado Coração de Jesus, da Santíssima Virgem Maria, da Imaculada Conceição e de São José"*.

Assim sendo, vamos juntos cantar as glórias de José com as palavras lindíssimas de nossa tradição. Que todos possam ter muitos proveitos espirituais, buscando uma vida que seja semelhante à de São José, com confiança profunda nos planos de Deus para nossa vida, com o zelo inflamado pelas coisas sagradas e pela vontade constante de servir aos mais frágeis e excluídos de nossa sociedade. São José! Rogai por nós!

Pe. José Luís Queimado, C.Ss.R.

Ofício ao Glorioso São José

(Mesmo aparecendo no Ofício de São José a divisão das horas, ele pode ser rezado todo de uma vez, sem interrupção. O importante é que cada pessoa reze o Ofício como se sentir melhor.)

Aprenda a melodia do Ofício com este QR Code

- LAUDES OU MATINAS -

(Reza-se de madrugada)

Abrirei meus lábios, Senhor,
dirá a minha boca o vosso louvor.

Sede em meu favor,/ Deus Onipotente,
Em me socorrer/ sede diligente.
Glória seja ao Pai,/ ao Filho e ao Amor também,
que é um só Deus/ em pessoas três.
Agora e sempre/ e sem-fim. Amém.

Hino

Da estirpe nobre de Davi/ gerado José,
de Jesus o Pai/ muito amado é,
da Sagrada Virgem/ por esposo aceito,
para seu amparo/ foi dos céus eleito.

Deus formara o justo/ José, tão brilhante,
à Esposa Virgem/ todo semelhante
outro não se achou/ melhor preparado,
digno de estreitar/ o Verbo encarnado.

Nesse matrimônio/ tudo é virginal.
Fiel, maravilhoso,/ nunca teve igual.
José foi sombra/ do bom Pai do céu,
foi a imagem viva/ do Filho de Deus.

Os Santos Patriarcas/ altamente honraste,
pois o pão da vida/ com amor guardaste,
Santo poderoso,/ os devotos teus,
pede ao Cristo amado/ guie-nos lá dos céus.

Oração

Humildemente vos pedimos, Senhor, nos concedais/ sermos ajudados pelos merecimentos do puríssimo esposo da Virgem vossa Mãe,/ para que aquilo que nossas poucas forças não alcançam,/ nos seja obtido por sua intercessão./ Oh, Vós que viveis e reinais com o Pai e o Espírito Santo/ para sempre. Amém.

- PRIMA -

(Reza-se às 6 horas da manhã)

Sede em meu favor,/ Deus Onipotente,
em me socorrer/ sede diligente.
Glória seja ao Pai,/ ao Filho e ao Amor também,
que é um só Deus/ em pessoas três.
Agora e sempre/ e sem-fim. Amém.

Hino
Qual rio que se une/ a outro mais fulgente,
tal viveste unido/ à Virgem contente.
Eram lírios cândidos/ vossas almas puras,
na alegria unidos/ e nas amarguras.

Aos sinais primeiros/ do fruto sagrado,
invocaste a Deus/ supremo e turbado:
"Meu Deus, porventura,/ tanto vos agrada
para Mãe do Verbo/ minha esposa amada?"

"Porventura o Verbo/ de Deus, quer nascer
em meu teto e humilde/ filho parecer?
Não, eu não sou digno,/ ah, Senhor do céu,
que vós habiteis na minha casa./ Quem sou eu?

Os Santos Patriarcas/ altamente honraste,
pois o pão da vida/ com amor guardaste,
Santo poderoso,/ os devotos teus,
pede ao Cristo amado/ guie-nos lá dos céus.

Oração

Humildemente vos pedimos, Senhor, nos concedais/ sermos ajudados pelos merecimentos do puríssimo esposo da Virgem vossa Mãe,/ para que aquilo que nossas poucas forças não alcançam,/ nos seja obtido por sua intercessão./ Oh, Vós que viveis e reinais com o Pai e o Espírito Santo/ para sempre. Amém.

- TERÇA -

(Reza-se às 9 horas da manhã)

Sede em meu favor,/ Deus Onipotente,
em me socorrer/ sede diligente.
Glória seja ao Pai,/ ao Filho e ao Amor também,
que é um só Deus/ em pessoas três.
Agora e sempre/ e sem-fim. Amém.

Hino

Justo, não criminas/ a esposa fiel,
nem ousas fugir;/ instante cruel,
O filho de Deus/ tem em Nazaré
quem mais digno seja/ que o pobre José!

"Para longe irei,/ onde ocultamente
separar-me possa/ respeitosamente."
E o Anjo do Senhor,/ em tanta agonia,
veio anunciar-lhe/ a grande alegria.

Fala o Anjo Santo:/ "Que fazes, José?
O que nela vês/ do Espírito Santo é!
Sê o testemunho/ e guarda do pudor,
da Virgem bendita/ a quem tens amor".

Os Santos Patriarcas/ altamente honraste,
pois o pão da vida/ com amor guardaste,
Santo poderoso,/ os devotos teus,
pede ao Cristo amado/ guie-nos lá dos céus.

Oração

Humildemente vos pedimos, Senhor, nos concedais/ sermos ajudados pelos merecimentos do puríssimo esposo da Virgem vossa Mãe,/ para que aquilo que nossas poucas forças não alcançam,/ nos seja obtido por sua intercessão./ Oh, Vós que viveis e reinais com o Pai e o Espírito Santo/ para sempre. Amém.

- SEXTA -

(Reza-se ao meio-dia)

Sede em meu favor,/ Deus Onipotente,
em me socorrer/ sede diligente.
Glória seja ao Pai,/ ao Filho e ao Amor também,
que é um só Deus/ em pessoas três.
Agora e sempre/ e sem-fim. Amém.

Hino
Tua casa é santa,/ pousa na justiça,
seu teto se adorna/ da flor mais castiça!
A dura jornada/ chega a Belém,
para onde os Magos/ de mui longe vêm.

Aí num presépio/ nasce o Deus menino,
os teus braços formam/ o trono divino,
em teu manto envolves/ o Filho de Deus,
resguardas do frio/ o Rei dos Judeus.

Em palhinhas fofas,/ deitas esse infante,
e a teu coração/ o chegas, amante.
Os anjos do céu/ cantam lá na gruta,
vendo junto ao berço/ a José de escuta.

***Os Santos Patriarcas/ altamente honraste,
pois o pão da vida/ com amor guardaste,
Santo poderoso,/ os devotos teus,
pede ao Cristo amado/ guie-nos lá dos céus.***

Oração
Humildemente vos pedimos, Senhor, nos concedais/ sermos ajudados pelos merecimentos do puríssimo esposo da Virgem vossa Mãe,/ para que aquilo que nossas poucas forças não alcançam,/ nos seja obtido por sua intercessão./ Oh, Vós que viveis e reinais com o Pai e o Espírito Santo/ para sempre. Amém.

- NOA -

(Reza-se às 3 horas da tarde)

*Sede em meu favor,/ Deus Onipotente,
em me socorrer/ sede diligente.*

Glória seja ao Pai,/ ao Filho e ao Amor também,
que é um só Deus/ em pessoas três.
Agora e sempre/ e sem-fim. Amém.

Hino

Eis que o mau Herodes,/ por medo e vingança,
que a muitos inocentes/ ordenou matança.
Sobre os berços voam/ guerreiros ladinos,
e o sangue derramam/ de tantos meninos.

Era noite alta,/ e José dormia.
Quando o acordou/ luz igual ao dia.
"Olha, foge logo",/ diz-lhe o mensageiro:
"Leva o Filho e a Mãe/ para o estrangeiro".

"Querem envolver/ nesse morticínio
o menino Deus/ do teu patrocínio."
E assim avisado/ pelo anjo bendito,
com Cristo e a Virgem/ foge para o Egito.

Os Santos Patriarcas/ altamente honraste,
pois o pão da vida/ com amor guardaste,
Santo poderoso,/ os devotos teus,
pede ao Cristo amado/ guie-nos lá dos céus.

Oração

Humildemente vos pedimos, Senhor, nos concedais/ sermos ajudados pelos merecimentos do puríssimo esposo da Virgem vossa Mãe,/ para que aquilo que nossas poucas forças não alcançam,/ nos seja obtido por sua intercessão./ Oh, Vós que viveis e reinais com o Pai e o Espírito Santo/ para sempre. Amém.

- VÉSPERAS -

(Reza-se às 18 horas ou ao pôr do sol)

Sede em meu favor,/ Deus Onipotente,
em me socorrer/ sede diligente.
Glória seja ao Pai,/ ao Filho e ao Amor também,
que é um só Deus/ em pessoas três.
Agora e sempre/ e sem-fim. Amém.

Hino

Morto o rei tirano,/ sabendo o sucesso,
logo à Galileia,/ estás de regresso.
Com Jesus menino/ e a Virgem Sagrada
lá em Nazaré,/ fixaste morada.

E todos diziam,/ ser Jesus o herdeiro,
Filho de José,/ hábil carpinteiro.
Nas mãos de Jesus,/ pôs a plaina, a serra,
pois não quis que, em ócio,/ vivesse na terra.

E o que construíra/ o orbe setenário,
derramou suores/ qual um operário.
Foste assim José/ mestre carpinteiro,
dentre os aprendizes/ Jesus foi o primeiro.

Os Santos Patriarcas/ altamente honraste,
pois o pão da vida/ com amor guardaste,
Santo poderoso,/ os devotos teus,
pede ao Cristo amado/ guie-nos lá dos céus.

Oração

Humildemente vos pedimos, Senhor, nos concedais/ sermos ajudados pelos merecimentos do puríssimo esposo da Virgem vossa Mãe,/ para que aquilo que nossas poucas forças não alcançam,/ nos seja obtido por sua intercessão./ Oh, Vós que viveis e reinais com o Pai e o Espírito Santo/ para sempre. Amém.

- COMPLETAS -

(Reza-se à noite, antes de dormir)

Converta-nos Deus,/ nossa salvação,
e de nós se afaste/ sua maldição.

Sede em meu favor,/ Deus Onipotente,
em me socorrer/ sede diligente.
Glória seja ao Pai,/ ao Filho e ao Amor também,
que é um só Deus/ em pessoas três.
Agora e sempre/ e sem-fim. Amém.

Hino
Oh, Santo ditoso,/ que hás merecido
por Jesus e a Virgem/ seres assistido.
Guarda teus devotos/ quando agonizantes,
e da eterna glória/ faz participantes.

Deus te fez Patrono/ da Igreja Universal
fez-te o mordomo/ da Casa eternal.
Ide a José,/ diz Deus toda hora,
e o que ele disser/ fazei sem demora.

És Mestre perfeito,/ modelo ideal,
da União com Deus/ na vida espiritual.

Foste varão justo/ e a ninguém iludes,
porque possuíste/ todas as virtudes.

Os Santos Patriarcas/ altamente honraste,
pois o pão da vida/ com amor guardaste,
Santo poderoso,/ os devotos teus,
pede ao Cristo amado/ guie-nos lá dos céus.

Oração

Humildemente vos pedimos, Senhor, nos concedais/ sermos ajudados pelos merecimentos do puríssimo esposo da Virgem vossa Mãe,/ para que aquilo que nossas poucas forças não alcançam,/ nos seja obtido por sua intercessão./ Oh, Vós que viveis e reinais com o Pai e o Espírito Santo/ para sempre. Amém.

- OFERECIMENTO -

A humanidade prenda/ que hoje ofertamos;
esse ofício parvo/ que por ti cantamos.
Tu, que o pão guardaste/ para o fraco e o forte,
dá que a ninguém falte/ na hora da morte.

Dos Sermões de São Bernardino de Sena:
Lembrai-vos de nós, São José, e intercedei com vossas orações junto de vosso Filho adotivo; tornai-nos também propícia vossa Esposa, a santíssima Virgem, mãe daquele que vive e reina com o Pai e o Espírito Santo pelos séculos sem-fim. Amém.

PALAVRAS DE ALGUNS PONTÍFICES SOBRE A PESSOA E O CULTO A SÃO JOSÉ

Papa São João Paulo II

Exortação Apostólica *Redemptoris Custos*

Inspirando-se no Evangelho, os Padres da Igreja, desde os primeiros séculos, puseram em relevo que São José, assim como cuidou com amor de Maria e se dedicou com empenho jubiloso à educação de Jesus Cristo, assim também guarda e protege seu Corpo místico, a Igreja, da qual a Virgem Santíssima é figura e modelo.

Papa Beato Pio IX

Carta Apostólica *Inclytum Patriarcham*

Por isso, os Romanos Pontífices nossos predecessores, para aumentar cada vez mais e para estimular mais ardentemente nos corações dos fiéis a devoção e o respeito para com o santo patriarca José, e para exortá-los a implorar com suma confiança sua intercessão junto a Deus, não perderam nenhuma ocasião para dirigir-lhe sempre novas e maiores expressões de culto público. Entre elas, basta recordar os nossos predecessores de feliz memória: Sisto IV, que quis que fosse inserida no Breviário e no Missal Romano a festa de São José; Gregório XV, que com o decreto de 8 de maio de 1612 prescreveu celebrar a festa com rito duplo de preceito em todo o mundo; Clemente X, que em 6 de dezembro de 1714 adornou a referida festa com missa e ofício inteiramente próprios; e finalmente Bento XIII, que com decreto publicado em 19 de dezembro de 1726 ordenou que fosse acrescentado o nome do santo Patriarca na Ladainha dos Santos.

Papa Leão XIII

Carta Encíclica *Quamquam Pluries*

1. As razões pelas quais o Bem-Aventurado José deve ser considerado patrono especial da Igreja, que, por sua vez, espera muitíssimo de sua proteção e patrocínio, nascem principalmente do fato de que ele é esposo de Maria e pai adotivo de Jesus. Sua dignidade, sua santidade e sua glória provêm dessas fontes.

2. Ele prevalece sobre todos devido a sua augusta dignidade, visto que foi guardião, no que se refere à disposição divina, e foi pai do Filho de Deus, na fé dos homens. De onde se segue que a Palavra de Deus se submeteu a José, obedecendo-lhe e concedendo-lhe aquela honra e respeito que os filhos devem ter para com seus próprios pais.

ORAÇÕES IMPORTANTES A SÃO JOSÉ

Ladainha de São José

Letra e Música: Pe. José Luís Queimado, C.Ss.R.

1. Sois o esposo da Virgem Maria, **rogai por nós**.
2. Guardião de nossa família, **rogai por nós**.
3. Sois de Jesus o Pai Amado, **rogai por nós**.
4. Sendo fiel, fostes glorificado, **rogai por nós**.

1. Vossa alma, pureza de um lírio, **rogai por nós**.
2. O Verbo de Deus tomastes por Filho, **rogai por nós**.
3. Num presépio nasceu Deus menino, **rogai por nós**.
4. Vossos braços são o trono divino, **rogai por nós**.

1. Escapai depressa, disse o mensageiro, **rogai por nós**.
2. Para o Egito, fugi bem ligeiro, **rogai por nós**.
3. Protegei o Filho de horrenda matança, **rogai por nós**.
4. Nos vossos braços está Deus criança, **rogai por nós**.

Oração de São Francisco de Sales

Oh, São José, meus olhos veem, ao lado de minha mãe Maria, o pai terreno de Jesus. Mãe querida, ele é vosso socorro, vosso auxílio na condução e educação de Jesus. Oh, São José, tomastes em vossos braços o Amor do céu e da terra e recebestes doces abraços e beijos do Menino Jesus. Para ele, vós sois, amado São José, o grande amigo e querido pai bem-amado. Como é agradável ver Jesus em vossos braços de pai, oh, São José, ouvi-lo chamar-vos de papai com um coração filial.

Oração do Padre Gervásio dos Anjos, C.Ss.R.

Glorioso São José, escolhido por Deus para a tarefa de criar, alimentar e proteger o Salvador, intercedei por nós. Ajudai-nos a cumprir nossa missão, principalmente nos momentos de dor, dúvidas e angústias. Sede nosso protetor em nossas dificuldades temporais e espirituais, principalmente aquelas que atingem nossas famílias. Sede para nós motivo de confiança e certeza de que seremos atendidos por Deus. Amém.

Oração do Papa Leão XIII (com indulgência parcial)

Carta Encíclica *Quamquam Pluries*

A vós, São José, recorremos em nossa tribulação e, depois de ter implorado o auxílio de Vossa Santíssima Esposa, cheios de confiança solicitamos vosso patrocínio. Por esse laço sagrado de caridade, que vos uniu à Virgem Imaculada, Mãe de Deus, pelo amor paternal que tivestes ao Menino Jesus, ardentemente vos suplicamos que lanceis um olhar benigno para a herança que Jesus conquistou com seu sangue, e nos socorrais em nossas necessidades com vosso auxílio e poder. Protegei, ó Guarda providente da Divina Família, a raça eleita de Jesus Cristo. Afastai para longe de nós, ó Pai amantíssimo, a peste do erro e do vício. Assisti-nos do alto do céu, ó nosso fortíssimo sustentáculo, na luta contra o poder das trevas; assim como outrora salvastes da morte a vida do Menino Jesus, assim também defendei agora a Santa Igreja de Deus contra as ciladas de seus inimigos e contra toda adversidade. Amparai cada um de nós com vosso constante patrocínio, a fim de que, a vosso exemplo, e sustentados com vosso auxílio, possamos viver virtuosamente, morrer piedosamente e obter no céu a eterna bem-aventurança. Amém.

Oração do Papa Francisco

Carta Apostólica *Patris Corde*

Salve, guardião do Redentor e esposo da Virgem Maria! A vós, Deus confiou seu Filho; em vós, Maria depositou sua confiança; convosco, Cristo tornou-Se homem. Ó Bem-aventurado José, mostrai-vos pai também para nós e guiai-nos no caminho da vida. Alcançai-nos graça, misericórdia e coragem e defendei-nos de todo o mal. Amém.

ALGUNS LIVROS SOBRE SÃO JOSÉ

Gasques, Pe. Jerônimo. *José, o santo do impossível*. Editora Santuário, Aparecida, 2021.

Sobreiro, Pe. Flávio. *Exercícios Espirituais com São José*. Editora Santuário, Aparecida, 2021.

Este livro foi composto com as famílias tipográficas Adobe Hebrew, Baskerville e Segoe UI e impresso em papel Offset 75g/m² pela **Gráfica Santuário.**